-Sur Molière-

Voltaire

-Sur Molière-

Texte établi par Louis Moland, 1883

1739

EEEOYS EDITIONS

AVERTISSEMENT[1].

Cet ouvrage était destiné à être imprimé à la tête du Molière in-4°, 1734, édition de Paris. On pria[2] un homme très connu de faire cette Vie et ces courtes analyses destinées à être placées au-devant de chaque pièce. M. Rouillé, chargé alors du département de la librairie, donna la préférence à un nommé La Serre[3] : c'est de quoi on a plus d'un exemple. L'ouvrage de l'infortuné rival de La Serre fut imprimé très mal à propos, puisqu'il ne convenait qu'à l'édition du Molière. On nous a dit que quelques curieux désiraient une nouvelle édition de cette bagatelle[4] ; nous la donnons, malgré la répugnance de l'auteur écrasé par La Serre.

Voltaire

VIE DE MOLIÈRE

Le goût de bien des lecteurs pour les choses frivoles, et l'envie de faire un volume de ce qui ne devrait remplir que peu de pages, sont cause que l'histoire des hommes célèbres est presque toujours gâtée par des détails inutiles et des contes populaires aussi faux qu'insipides. On y ajoute souvent des critiques injustes de leurs ouvrages. C'est ce qui est arrivé dans l'édition de Racine faite à Paris en 1728. On tâchera d'éviter cet écueil dans cette courte histoire de la vie de Molière ; on ne dira de sa propre personne que ce qu'on a cru vrai et digne d'être rapporté, et on ne hasardera sur ses ouvrages rien qui soit contraire aux sentiments du public éclairé.

Jean-Baptiste Poquelin naquit à Paris en 1620, dans une maison qui subsiste encore sous les piliers des Halles. Son père, Jean-Baptiste Poquelin, valet de chambre tapissier chez le roi, marchand fripier, et Anne Boutet[5], sa mère, lui donnèrent une éducation trop conforme à leur état, auquel ils le destinaient : il resta jusqu'à quatorze ans dans leur boutique, n'ayant rien appris, outre son métier, qu'un peu à lire et à écrire. Ses parents obtinrent pour lui la survivance de leur charge chez le roi ; mais son génie l'appelait ailleurs. On a remarqué que presque tous ceux qui se sont fait un nom dans les beaux-arts les ont cultivés malgré leurs parents[6], et que la nature a toujours été en eux plus forte que l'éducation.

Poquelin avait un grand-père qui aimait la comédie, et qui le menait quelquefois à l'hôtel de Bourgogne. Le jeune homme sentit bientôt une aversion invincible pour sa profession. Son goût pour l'étude se développa ; il pressa son grand-père d'obtenir qu'on le mît au collège, et il arracha enfin le consentement de son père, qui le mit dans une pension, et l'envoya externe aux jésuites, avec la répugnance d'un bourgeois qui croyait la fortune de son fils perdue s'il étudiait.

Le jeune Poquelin fit au collège les progrès qu'on devait attendre de son empressement à y entrer. Il y étudia cinq années ; il y suivit le cours des classes d'Armand de Bourbon, premier prince de Conti, qui depuis fut le protecteur des lettres et de Molière.

Il y avait alors dans ce collège deux enfants qui eurent depuis beaucoup de réputation dans le monde. C'étaient Chapelle et Bernier : celui-ci, connu par ses voyages aux Indes, et l'autre, célèbre par quelques vers naturels et aisés, qui lui ont fait d'autant plus de réputation qu'il ne rechercha pas celle d'auteur.

L'Huillier, homme de fortune, prenait un soin singulier de l'éducation du jeune Chapelle, son fils naturel ; et, pour lui donner de l'émulation, il faisait étudier avec lui le jeune Bernier, dont les parents étaient mal à leur aise. Au lieu même de donner à son fils naturel un précepteur ordinaire et pris au hasard, comme tant de pères en usent avec un fils légitime qui doit porter leur nom, il engagea le célèbre Gassendi à se charger de l'instruire.

Gassendi ayant démêlé de bonne heure le génie de Poquelin, l'associa aux études de Chapelle et de Bernier. Jamais plus illustre maître n'eut de plus dignes disciples. Il leur enseigna sa philosophie d'Épicure, qui, quoique aussi fausse que les autres, avait au moins plus de méthode et plus de vraisemblance que celle de l'école, et n'en avait pas la barbarie.

Poquelin continua de s'instruire sous Gassendi. Au sortir du collège, il reçut de ce philosophe les principes d'une morale plus utile que sa physique, et il s'écarta rarement de ces principes dans le cours de sa vie.

Son père étant devenu infirme et incapable de servir, il fut obligé d'exercer les fonctions de son emploi auprès du roi. Il suivit Louis XIII dans le voyage que ce monarque fit en Languedoc en 1641 ; et, de retour à Paris, sa passion pour la comédie, qui l'avait déterminé à faire ses études, se réveilla avec force.

Le théâtre commençait à fleurir alors : cette partie des belles-lettres, si méprisée quand elle est médiocre, contribue à la gloire d'un État quand elle est perfectionnée.

Avant l'année 1625, il n'y avait point de comédiens fixes à Paris[7]. Quelques farceurs allaient, comme en Italie, de ville en ville : ils jouaient des pièces de Hardy, de Monchrétien, ou de Balthazar Baro.

Ces auteurs leur vendaient leurs ouvrages dix écus pièce.

Pierre Corneille tira le théâtre de la barbarie et de l'avilissement, vers l'année 1630. Ses premières comédies, qui étaient aussi bonnes pour son siècle qu'elles sont mauvaises pour le nôtre, furent cause qu'un groupe de comédiens s'établit à Paris. Bientôt après, la passion du cardinal de Richelieu pour les spectacles mit le goût de la comédie à la mode, et il y avait plus de sociétés particulières qui représentaient alors que nous n'en voyons aujourd'hui.

Poquelin s'associa avec quelques jeunes gens qui avaient du talent pour la déclamation ; ils jouaient au faubourg Saint-Germain et au quartier Saint-Paul. Cette société éclipsa bientôt toutes les autres ; on l'appela l'*Illustre Théâtre*[8]. On

Voltaire

voit par une tragédie de ce temps-là, intitulée *Artaxerce*, d'un nommé Magnon, et imprimée en 1645, qu'elle fut représentée sur l'Illustre Théâtre.

Ce fut alors que Poquelin, sentant son génie, se résolut de s'y livrer tout entier, d'être à la fois comédien et auteur, et de tirer de ses talents de l'utilité et de la gloire.

On sait que chez les Athéniens les auteurs jouaient souvent dans leurs pièces, et qu'ils n'étaient point déshonorés pour parler avec grâce en public devant leurs concitoyens. Il fut plus encouragé par cette idée que retenu par les préjugés de son siècle. Il prit le nom de Molière, et il ne fit en changeant de nom que suivre l'exemple des comédiens d'Italie et de ceux de l'hôtel de Bourgogne. L'un, dont le nom de famille était Le Grand, s'appelait Belleville dans la tragédie, et Turlupin dans la farce, d'où vient le mot de *turlupinade*. Hugues Guéret était connu, dans les pièces sérieuses, sous le nom de Fléchelles ; dans la farce, il jouait toujours un certain rôle qu'on appelait Gautier-Garguille : de même, Arlequin et Scaramouche n'étaient connus que sous ce nom de théâtre. Il y avait déjà eu un comédien appelé Molière, auteur de la tragédie de *Polyxène*[9].

Le nouveau Molière fut ignoré pendant tout le temps que durèrent les guerres civiles en France ; il employa ces années à cultiver son talent et à préparer quelques pièces. Il avait fait un recueil de scènes italiennes, dont il faisait de petites comédies pour les provinces. Ces premiers essais, très informes, tenaient plus du mauvais théâtre italien, où il les avait pris, que de son génie, qui n'avait pas eu encore l'occasion de se développer tout entier. Le génie s'étend et se resserre par tout ce qui nous environne. Il fit donc pour la province *le Docteur amoureux*, *les Trois Docteurs rivaux*, *le Maître d'école* : ouvrages dont il ne reste que le titre. Quelques curieux ont conservé deux pièces de Molière dans ce genre : l'une est *le Médecin volant*, et l'autre *la Jalousie de Barbouille*. Elles sont en prose et écrites en entier. Il y a quelques phrases et quelques incidents de la première qui nous sont conservés dans *le Médecin malgré lui*, et on trouve dans *la Jalousie de Barbouille* un canevas, quoique informe, du troisième acte de *George Dandin*.

La première pièce régulière en cinq actes qu'il composa fut *l'Étourdi*. Il représenta cette comédie à Lyon en 1653. Il y avait dans cette ville une troupe de comédiens de campagne, qui fut abandonnée dès que celle de Molière parut.

Quelques acteurs de cette ancienne troupe se joignirent à Molière, et il partit de Lyon pour les états de Languedoc avec une troupe assez complète, composée principalement de deux frères nommés Gros-René[10], de Duparc, d'un pâtissier[11] de la rue Saint-Honoré, de la Duparc, de la Béjart, et de la Debrie.

Le prince de Conti, qui tenait les états de Languedoc à Béziers, se souvint de Molière, qu'il avait vu au collège ; il lui donna une protection distinguée. Molière joua devant lui *l'Étourdi, le Dépit amoureux,* et *les Précieuses ridicules*[12].

Cette petite pièce des *Précieuses,* faite en province, prouve assez que son auteur n'avait eu en vue que les ridicules des provinciales ; mais il se trouva depuis que l'ouvrage pouvait corriger et la cour et la ville.

Molière avait alors trente-quatre ans : c'est l'âge où Corneille fit *le Cid.* Il est bien difficile de réussir avant cet âge dans le genre dramatique, qui exige la connaissance du monde et du cœur humain.

On prétend que le prince de Conti voulut alors faire Molière son secrétaire, et qu'heureusement pour la gloire du théâtre français, Molière eut le courage de préférer son talent à un poste honorable. Si ce fait est vrai, il fait également honneur au prince et au comédien.

Après avoir couru quelque temps toutes les provinces, et avoir joué à Grenoble, à Lyon, à Rouen, il vint enfin à Paris en 1658. Le prince de Conti lui donna accès auprès de Monsieur, frère unique du roi Louis XIV ; Monsieur le présenta au roi et à la reine mère. Sa troupe et lui représentèrent la même année, devant Leurs Majestés, la tragédie de *Nicomède,* sur un théâtre élevé par ordre du roi dans la salle des gardes du vieux Louvre.

Il y avait depuis quelques temps des comédiens établis à l'hôtel de Bourgogne. Ces comédiens assistèrent au début de la nouvelle troupe. Molière, après la représentation de *Nicomède*, s'avança sur le bord du théâtre, et prit la liberté de faire au roi un discours par lequel il remerciait Sa Majesté de son indulgence, et louait adroitement les comédiens de l'hôtel de Bourgogne, dont il devait craindre la jalousie : il finit en demandant la permission de donner une pièce d'un acte qu'il avait jouée en province.

La mode de représenter ces petites farces après de grandes pièces était perdue à l'hôtel de Bourgogne. Le roi agréa l'offre de Molière, et l'on joua dans l'instant *le Docteur amoureux*. Depuis ce temps, l'usage a toujours continué de donner de ces pièces d'un acte ou de trois après les pièces de cinq.

On permit à la troupe de Molière de s'établir à Paris ; ils s'y fixèrent, et partagèrent le théâtre du Petit-Bourbon avec les comédiens italiens, qui en étaient en possession depuis quelques années.

La troupe de Molière jouait sur ce théâtre les mardis, les jeudis, et les samedis ; et les Italiens, les autres jours.

La troupe de l'hôtel de Bourgogne ne jouait aussi que trois fois la semaine, excepté lorsqu'il y avait des pièces nouvelles.

Dès lors la troupe de Molière prit le titre de *la Troupe de Monsieur*, qui était son protecteur. Deux ans après, en 1660, il leur accorda la salle du Palais-Royal. Le cardinal de Richelieu l'avait fait bâtir pour la représentation de *Mirame*, tragédie dans laquelle ce ministre avait composé plus de cinq cents vers. Cette salle est aussi mal construite que la pièce pour laquelle elle fut bâtie, et je suis obligé de remarquer à cette occasion, que nous n'avons aujourd'hui aucun théâtre supportable : c'est une barbarie gothique que les Italiens nous reprochent avec raison. Les bonnes pièces sont en France, et les belles salles en Italie.

La troupe de Molière eut la jouissance de cette salle jusqu'à la mort de son chef. Elle fut alors accordée à ceux qui eurent le privilège de l'opéra, quoique ce vaisseau soit moins propre encore pour le chant que pour la déclamation.

Depuis l'an 1658 jusqu'à 1673, c'est-à-dire en quinze années de temps, il donna toutes ses pièces, qui sont au nombre de trente. Il voulut jouer dans la tragédie ; mais il n'y réussit pas : il avait une volubilité dans la voix, et une espèce de hoquet qui ne pouvait convenir au genre sérieux, mais qui rendait son jeu comique plus plaisant. La femme[13] d'un des meilleurs comédiens que nous ayons eus a donné ce portrait-ci de Molière :

« Il n'était ni trop gras ni trop maigre ; il avait la taille plus grande que petite, le port noble, la jambe belle : il marchait gravement ; avait l'air très sérieux, le nez gros, la bouche grande, les lèvres épaisses, le teint brun, les sourcils noirs et forts ; et les divers mouvements qu'il leur donnait lui rendaient la physionomie extrêmement comique. À l'égard de son caractère, il était doux, complaisant, généreux. Il aimait fort à haranguer, et quand il lisait ses pièces aux comédiens, il voulait qu'ils y amenassent leurs enfants, pour tirer des conjectures de leur mouvement naturel. »

Molière se fit dans Paris un très grand nombre de partisans et presque autant d'ennemis. Il accoutuma le public, en lui faisant connaître la bonne comédie, à le juger lui-même très sévèrement. Les mêmes spectateurs qui applaudissaient aux pièces médiocres des autres auteurs, relevaient les moindres défauts de Molière avec aigreur. Les hommes jugent de nous par l'attente qu'ils en ont conçue ; et le moindre défaut d'un auteur célèbre, joint avec les malignités du public, suffit pour faire tomber un bon ouvrage. Voilà pourquoi *Britannicus* et *les Plaideurs* de M. Racine furent si mal reçus ; voilà pourquoi *l'Avare, le Misanthrope, les Femmes savantes, l'École des Femmes,* n'eurent d'abord aucun succès.

Louis XIV, qui avait un goût naturel et l'esprit très juste, sans l'avoir cultivé, ramena souvent, par son approbation, la cour et la ville aux pièces de Molière. Il eût été plus honorable pour la nation de n'avoir pas besoin des décisions de son prince pour bien juger. Molière eut des ennemis cruels, surtout les mauvais auteurs du temps, leurs protecteurs et leurs cabales : ils suscitèrent contre lui les dévots ; on lui imputa des livres scandaleux ; on l'accusa d'avoir joué des hommes puissants, tandis qu'il n'avait joué que les vices en général ; et il eût succombé sous ces accusations si ce même roi, qui encouragea et qui soutint Racine et Despréaux, n'eût pas aussi protégé Molière.

Il n'eut à la vérité qu'une pension de mille livres, et sa troupe n'en eut qu'une de sept. La fortune qu'il fit par le succès de ses ouvrages le mit en état de n'avoir rien de plus à souhaiter ; ce qu'il retirait du théâtre avec ce qu'il avait placé, allait à trente mille livres de rente, somme qui, en ce temps-là, faisait presque le double de la valeur réelle de pareille somme d'aujourd'hui.

Le crédit qu'il avait auprès du roi paraît assez par le canonicat qu'il obtint pour le fils de son médecin. Ce médecin s'appelait Mauvilain. Tout le monde sait qu'étant un jour au dîner du roi : « Vous avez un médecin, dit le roi à Molière, que vous fait-il ? — Sire, répondit Molière, Nous causons ensemble ; il m'ordonne des remèdes, je ne les fais point, et je guéris. »

Il faisait de son bien un usage noble et sage ; il recevait chez lui des hommes de la meilleure compagnie, les Chapelle, les Jonsac, les Desbarreaux, etc., qui joignaient la volupté et la philosophie. Il avait une maison de campagne à Auteuil, où il se délassait souvent avec eux des fatigues de sa profession, qui sont bien plus grandes qu'on ne pense. Le maréchal de Vivonne, connu par son esprit et par son amitié pour Despréaux, allait souvent chez Molière, et vivait avec lui comme Lélius avec Térence. Le grand Condé exigeait de lui qu'il le vînt voir souvent, et disait qu'il trouvait toujours à apprendre dans sa conversation.

Molière employait une partie de son revenu en libéralités, qui allaient beaucoup plus loin que ce qu'on appelle dans d'autres hommes *des charités*. Il encourageait souvent par des présents considérables de jeunes auteurs qui marquaient du talent : c'est peut-être à Molière que la France doit Racine. Il engagea le jeune Racine, qui sortait de Port-Royal, à travailler pour le théâtre dès l'âge de dix-neuf ans. Il lui fit composer la tragédie de *Théagène et de Chariclée* ; et quoique cette pièce fût trop faible pour être jouée, il fit présent au jeune auteur de cent louis, et lui donna le plan des *Frères ennemis*[14].
Il n'est peut-être pas inutile de dire qu'environ dans le même temps, c'est-à-dire en 1661, Racine ayant fait une ode sur le mariage de Louis XIV, M. Colbert lui envoya cent louis au nom du roi.

Il est très triste pour l'honneur des lettres que Molière et Racine aient été brouillés depuis ; de si grands génies, dont l'un avait été le bienfaiteur de l'autre, devaient être toujours amis.

Il éleva et il forma un autre homme qui, par la supériorité de ses talents et par les dons singuliers qu'il avait reçus de la nature, mérite d'être connu de la postérité. C'est le comédien Baron, qui a été unique dans la tragédie et dans la comédie. Molière en prit soin comme de son propre fils.

Un jour, Baron vint lui annoncer qu'un comédien de campagne, que la pauvreté empêchait de se présenter, lui demandait quelques légers secours pour aller joindre sa troupe. Molière ayant su que c'était un nommé Mondorge, qui avait été son camarade, demanda à Baron combien il croyait qu'il fallait lui donner. Celui-ci répondit au hasard : « Quatre pistoles. — Donnez-lui quatre pistoles pour moi, lui dit Molière ; en voilà vingt qu'il faut que vous lui donniez pour vous » ; et il joignit à ce présent celui d'un habit magnifique. Ce sont de petits faits ; mais ils peignent le caractère.

Un autre trait mérite plus d'être rapporté. Il venait de donner l'aumône à un pauvre ; un instant après le pauvre court après lui, et lui dit : « Monsieur, vous n'aviez peut-être pas dessein de me donner un louis d'or, je viens vous le rendre. — Tiens, mon ami, dit Molière, en voilà un autre. » ; et il s'écria : « Où la vertu va-t-elle se nicher ! » Exclamation qui peut faire voir qu'il réfléchissait sur tout ce qui se présentait à lui, et qu'il étudiait partout la nature en homme qui la voulait peindre.

Molière, heureux par ses succès et par ses protecteurs, par ses amis et par sa fortune, ne le fut pas dans sa maison. Il avait épousé en 1661[15] une jeune fille née de la Béjart et d'un gentilhomme nommé Modène. On disait que Molière en était le père : le soin avec lequel on avait répandu cette calomnie fit que plusieurs personnes prirent celui de la réfuter. On prouva que Molière n'avait connu la mère qu'après la naissance de cette fille. La disproportion d'âge et les dangers auxquels une comédienne jeune et belle est exposée, rendirent ce mariage malheureux ; et Molière, tout philosophe qu'il était d'ailleurs, essuya dans son domestique les dégoûts, les amertumes, et quelquefois les ridicules qu'il avait si souvent joué sur le théâtre. Tant il est vrai que les hommes qui sont au-dessus des autres par les talents, s'en rapprochent presque toujours par les faiblesses : car pourquoi les talents nous mettraient-ils au-dessus de l'humanité ?

La dernière pièce qu'il composa fut *le Malade imaginaire*. Il y avait quelque temps que sa poitrine était attaquée, et qu'il crachait quelquefois du sang. Le jour de la troisième représentation il se sentit plus incommodé qu'auparavant : on lui conseilla de ne point jouer ; mais il voulut faire un effort sur lui-même, et cet effort lui coûta la vie.

Il lui prit une convulsion en prononçant *juro*, dans le divertissement de la réception du malade imaginaire. On le rapporta mourant chez lui, rue de Richelieu. Il fut assisté

Voltaire

quelques moments par deux de ces sœurs religieuses qui viennent quêter à Paris pendant le carême, et qu'il logeait chez lui. Il mourut entre leurs bras, étouffé par le sang qui lui sortait par la bouche, le 17 février 1673, âgé de cinquante-trois ans. Il ne laissa qu'une fille, qui avait beaucoup d'esprit[16]. Sa veuve épousa un comédien nommé Guérin.

Le malheur qu'il avait eu de ne pouvoir mourir avec les secours de la religion, et la prévention contre la comédie, déterminèrent Harlay de Chanvalon, archevêque de Paris, si connu par ses intrigues galantes, à refuser la sépulture à Molière. Le roi le regrettait ; et ce monarque, dont il avait été le domestique et le pensionnaire, eut la bonté de prier l'archevêque de Paris de le faire inhumer dans une église. Le curé de Saint-Eustache, sa paroisse, ne voulut pas s'en charger. La populace, qui ne connaissait dans Molière que le comédien, et qui ignorait qu'il avait été un excellent auteur, un philosophe, un grand homme en son genre, s'attroupa en foule à la porte de sa maison le jour du convoi : sa veuve fut obligée de jeter de l'argent par les fenêtres, et ces misérables, qui auraient, sans savoir pourquoi, troublé l'enterrement, accompagnèrent le corps avec respect.

La difficulté qu'on fit de lui donner la sépulture, et les injustices qu'il avait essuyées pendant sa vie, engagèrent le fameux P. Bouhours à composer cette espèce d'épitaphe, qui, de toutes celles qu'on fit pour Molière, est la seule qui mérite d'être rapportée et la seule qui ne soit pas dans cette fausse et mauvaise histoire qu'on a mise jusqu'ici au-devant de ses ouvrages :

> *Tu réformas et la ville et la cour ;*
> *Mais quelle en fut la récompense !*
> *Les Français rougiront un jour*
> *De leur peu de reconnaissance.*
> *Il leur fallut un comédien*
> *Qui mît à les polir sa gloire et son étude ;*
> *Mais, Molière, à ta gloire il ne manquerait rien*
> *Si, parmi les défauts que tu peignis si bien,*
> *Tu les avais repris de leur ingratitude.*

Non-seulement j'ai omis dans cette *Vie de Molière* les contes populaires touchant Chapelle et ses amis ; mais je suis obligé de dire que ces contes, adoptés par Grimarest, sont très faux. Le feu duc de Sully, le dernier prince de Vendôme, l'abbé de Chaulieu, qui avaient beaucoup vécu avec Chapelle, m'ont assuré que toutes ces historiettes ne méritaient aucune créance.

> # PETITS SOMMAIRES DES
> PIÈCES DE MOLIÈRE

L'ÉTOURDI, OU LES CONTRE-TEMPS

Comédie en vers et en cinq actes, jouée d'abord à Lyon, en 1653[17], et à Paris, au mois de décembre[18] 1658, sur le théâtre du Petit-Bourbon.

Cette pièce est la première comédie que Molière ait donnée à Paris : elle est composée de plusieurs petites intrigues assez indépendantes les unes des autres ; c'était le goût du théâtre italien et espagnol, qui s'était introduit à Paris. Les comédies n'étaient alors que des tissus d'aventures singulières, où l'on n'avait guère songé à peindre les mœurs. Le théâtre n'était point, comme il le doit être, la représentation de la vie humaine. La coutume humiliante pour l'humanité que les hommes puissants avaient pour lors de tenir des fous auprès d'eux avait infecté le théâtre ; on n'y voyait que de vils bouffons qui étaient les modèles de nos *Jodelets ;* et on ne représentait que le ridicule de ces misérables, au lieu de jouer celui de leurs maîtres. La bonne comédie ne pouvait être connue en France, puisque la société et la galanterie, seules sources du bon comique, ne faisaient que d'y naître. Ce loisir, dans lequel les hommes rendus à eux-mêmes se livrent à leur caractère et à leur ridicule, est le seul temps propre pour la comédie : car c'est le seul où ceux qui ont le talent de peindre les hommes aient l'occasion de les bien voir, et le seul pendant lequel les spectacles puissent être fréquentés assidûment. Aussi ce ne fut qu'après avoir bien vu la cour et Paris, et bien connu les hommes, que Molière les représenta avec des couleurs si vraies et si durables.

Les connaisseurs ont dit que *l'Étourdi* devrait seulement être intitulé *les Contre-temps*. Lélie, en rendant une bourse qu'il a trouvée, en secourant un homme qu'on attaque, fait des actions de générosité plutôt que d'étourderie. Son valet paraît plus étourdi que lui, puisqu'il n'a presque jamais l'attention de l'avertir de ce qu'il veut faire. Le dénouement, qui a trop souvent été l'écueil de Molière, n'est pas meilleur ici que dans ses autres pièces : cette faute est plus inexcusable dans une pièce d'intrigue que dans une comédie de caractère. On est obligé de dire (et c'est principalement aux étrangers qu'on le dit[19]) que le style de cette pièce est faible et négligé, et que surtout il y a beaucoup de fautes contre la langue. Non-seulement il se trouve dans les ouvrages de cet admirable auteur des vices de construction, mais aussi plusieurs mots impropres et surannés. Trois des plus grands auteurs du siècle de Louis XIV, Molière, La Fontaine, et Corneille, ne doivent être lus qu'avec précaution par rapport au langage. Il faut que ceux qui apprennent notre langue dans les écrits des auteurs célèbres y discernent ces petites fautes, et qu'ils ne les prennent pas pour des autorités. Au reste *l'Étourdi* eut plus de succès que *le Misanthrope, l'Avare,* et *les Femmes savantes,* n'en eurent depuis. C'est qu'avant *l'Étourdi* on ne connaissait pas mieux, et que la réputation de Molière ne faisait pas encore d'ombrage. Il n'y avait alors de bonne comédie au théâtre français que *le Menteur.*

LE DÉPIT AMOUREUX

Comédie en vers et en cinq actes, représentée au théâtre du Petit-Bourbon, en 1658[20].

Le *Dépit amoureux* fut joué à Paris immédiatement après l'*Étourdi*. C'est encore une pièce d'intrigue, mais d'un autre genre que la précédente. Il n'y a qu'un seul nœud dans *le Dépit amoureux*. Il est vrai qu'on a trouvé le déguisement d'une fille en garçon peu vraisemblable. Cette intrigue a le défaut d'un roman, sans en avoir l'intérêt ; et le cinquième acte, employé à débrouiller ce roman, n'a paru ni vif ni comique. On a admiré dans *le Dépit amoureux* la scène de la brouillerie et du raccommodement d'Éraste et de Lucile. Le succès est toujours assuré, soit en tragique, soit en comique, à ces sortes de scènes qui représentent la passion la plus chère aux hommes dans la circonstance la plus vive. La petite ode d'Horace, *Donec gratus eram tibi*[21] a été regardée comme le modèle de ces scènes, qui sont enfin devenues des lieux communs.

LES PRÉCIEUSES RIDICULES

Comédie en un acte et en prose, jouée d'abord en province[22], et représentée pour la première fois à Paris, sur le théâtre du Petit-Bourbon, au mois de novembre[23] 1659.

Lorsque Molière donna cette comédie, la fureur du bel esprit était plus que jamais à la mode. Voiture avait été le premier en France qui avait écrit avec cette galanterie ingénieuse dans laquelle il est si difficile d'éviter la fadeur et l'affectation. Ses ouvrages, où il se trouve quelques vraies beautés avec trop de faux brillants, étaient les seuls modèles ; et presque tous ceux qui se piquaient d'esprit n'imitaient que ses défauts. Les romans de Mlle Scudéry avaient achevé de gâter le goût : il régnait dans la plupart des conversations un mélange de galanterie guindée, de sentiments romanesques et d'expressions bizarres, qui composaient un jargon nouveau, inintelligible, et admiré. Les provinces, qui outrent toutes les modes, avaient encore renchéri sur ce ridicule : les femmes qui se piquaient de cette espèce de bel esprit s'appelaient *précieuses*. Ce nom, si décrié depuis par la pièce de Molière, était alors honorable ; et Molière même dit dans sa préface qu'il a beaucoup de respect pour *les véritables précieuses,* et qu'il n'a voulu jouer que les fausses.

Cette petite pièce, faite d'abord pour la province, fut applaudie à Paris, et jouée quatre mois de suite. La troupe de Molière fit doubler pour la première fois le prix ordinaire, qui n'était alors que de dix sous au parterre[24].

Dès la première représentation, Ménage, homme célèbre dans ce temps-là, dit au fameux Chapelain : « Nous adorions, vous et moi, toutes les sottises qui viennent d'être si bien critiquées ; croyez-moi, il nous faudra brûler ce que nous avons adoré. » Du moins c'est ce que l'on trouve dans le *Ménagiana ;* et il est assez vraisemblable que Chapelain, homme alors très estimé, et cependant le plus mauvais poète qui ait jamais été, parlait lui-même le jargon des *Précieuses ridicules* chez Mme de Longueville, qui présidait, à ce que dit le cardinal de Retz[25], à ces combats spirituels dans lesquels on était parvenu à ne se point entendre.

La pièce est sans intrigue et toute de caractère. Il y a très peu de défauts contre la langue, parce que, lorsqu'on écrit en prose, on est bien plus maître de son style ; et parce que Molière, ayant à critiquer le langage des beaux esprits du temps, châtia le sien davantage. Le grand succès de ce petit ouvrage lui attira des critiques que *l'Étourdi* et *le Dépit amoureux* n'avaient pas essuyées. Un certain Antoine Bodeau[26] fit *les Véritables Précieuses :* on parodia la pièce de

Molière ; mais toutes ces critiques et ces parodies sont tombées dans l'oubli, qu'elles méritaient.

On sait qu'à une représentation des *Précieuses ridicules* un vieillard s'écria du milieu du parterre : « Courage, Molière ! voilà la bonne comédie. » On eut honte de ce style affecté, contre lequel Molière et Despréaux se sont toujours élevés. On commença à ne plus estimer que le naturel, et c'est peut-être l'époque du bon goût en France.

L'envie de se distinguer a ramené depuis le style des *Précieuses* : on le retrouve encore dans plusieurs livres modernes[27]. L'un[28] en traitant sérieusement de nos lois, appelle un exploit *un compliment timbré*. L'autre[29] écrivant à une maîtresse en l'air, lui dit : « Votre nom est écrit en grosses lettres sur mon cœur... Je veux vous faire peindre en Iroquoise, mangeant une demi-douzaine de cœurs par amusement. » Un troisième[30] appelle un cadran au soleil *un greffier solaire* ; une grosse rave, *un phénomène potager*. Ce style a reparu sur le théâtre même, où Molière l'avait si bien tourné en ridicule ; mais la nation entière a marqué son bon goût en méprisant cette affectation dans des auteurs que d'ailleurs elle estimait[31].

LE COCU IMAGINAIRE

Comédie en un acte et en vers, représentée à Paris le 28 mai 1660.

Le Cocu imaginaire fut joué quarante fois de suite, quoique dans l'été, et pendant que le mariage du roi retenait toute la cour hors de Paris. C'est une pièce en un acte, où il entre un peu de caractère, et dont l'intrigue est comique par elle-même. On voit que Molière perfectionna sa manière d'écrire par son séjour à Paris. Le style du *Cocu imaginaire* l'emporte beaucoup sur celui de ses premières pièces en vers : on y trouve bien moins de fautes de langage. Il est vrai qu'il y a quelques grossièretés :

La bière est un séjour par trop mélancolique,
Et trop malsain pour ceux qui craignent la colique[32].

Il y a des expressions qui ont vieilli. Il y a aussi des termes que la politesse a bannis aujourd'hui du théâtre, comme *carogne*, *cocu*, etc.

Le dénouement, que fait Villebrequin, est un des moins bien ménagés et des moins heureux de Molière. Cette pièce eut le sort des bons ouvrages, qui ont et de mauvais censeurs et de mauvais copistes. Un nommé Doneau fit jouer à l'hôtel de Bourgogne *la Cocue imaginaire*[33] à la fin de 1661.

DON GARCIE DE NAVARRE, OU LE PRINCE JALOUX

Comédie héroïque en vers et en cinq actes, représentée pour la première fois le 4 février 1661.

Molière joua le rôle de don Garcie, et ce fut par cette pièce qu'il apprit qu'il n'avait point de talent pour le sérieux, comme acteur[34]. La pièce et le jeu de Molière furent très mal reçus. Cette pièce, imitée de l'espagnol[35], n'a jamais été rejouée depuis sa chute[36]. La réputation naissante de Molière souffrit beaucoup de cette disgrâce, et ses ennemis triomphèrent quelque temps. *Don Garcie* ne fut imprimé qu'après la mort de l'auteur.

L'ÉCOLE DES MARIS

Comédie en vers et en trois actes, représentée à Paris le 24 juin 1661.

Il y a grande apparence que Molière avait au moins les canevas de ces premières pièces déjà préparés, puisqu'elles se succédèrent en si peu de temps.

L'*École des maris* affermit pour jamais la réputation de Molière : c'est une pièce de caractère et d'intrigue. Quand il n'aurait fait que ce seul ouvrage, il eût pu passer pour un excellent auteur comique.
On a dit que *l'École des maris* était une copie des *Adelphes* de Térence ; si cela était, Molière eût plus mérité l'éloge d'avoir fait passer en France le bon goût de l'ancienne Rome que le reproche d'avoir dérobé sa pièce. Mais *les Adelphes* ont fourni tout au plus l'idée de *l'École des maris*. Il y a dans *les Adelphes* deux vieillards de différente humeur, qui donnent chacun une éducation différente aux enfants qu'ils élèvent ; il y a de même dans *l'École des maris* deux tuteurs, dont l'un est sévère et l'autre indulgent : voilà toute la ressemblance. Il

n'y a presque point d'intrigue dans *les Adelphes* ; celle de *l'École des maris* est fine, intéressante, et comique. Une des femmes de la pièce de Térence, qui devrait faire le personnage le plus intéressant, ne paraît sur le théâtre que pour accoucher[37]. L'Isabelle de Molière occupe presque toujours la scène avec esprit et avec grâce, et mêle quelquefois de la bienséance, même dans les tours qu'elle joue à son tuteur. Le dénouement des *Adelphes* n'a nulle vraisemblance : il n'est point dans la nature qu'un vieillard qui a été soixante ans, chagrin, sévère, et avare, devienne tout à coup gai, complaisant, et libéral. Le dénouement de *l'École des maris* est le meilleur de toutes les pièces de Molière. Il est vraisemblable, naturel, tiré du fond de l'intrigue ; et, ce qui vaut bien autant, il est extrêmement comique. Le style de Térence est pur, sentencieux, mais un peu froid, comme César, qui excellait en tout, le lui a reproché. Celui de Molière, dans cette pièce, est plus châtié que dans les autres. L'auteur français égale presque la pureté de la diction de Térence, et le passe de bien loin dans l'intrigue, dans le caractère, dans le dénouement, dans la plaisanterie.

LES FÂCHEUX

Comédie en vers et en trois actes, représentée à Vaux, devant le roi, au mois d'août, et à Paris, sur le théâtre du Palais-Royal, le 4 novembre de la même année 1661.

Nicolas Fouquet, dernier surintendant des finances, engagea Molière à composer cette comédie pour la fameuse fête qu'il donna au roi et à la reine mère dans sa maison de Vaux, aujourd'hui appelée Villars[38]. Molière n'eut que quinze jours pour se préparer. Il avait déjà quelques scènes détachées toutes prêtes ; il y en ajouta de nouvelles, et en composa cette comédie, qui fut, comme il le dit dans la préface, faite, apprise, et représentée en moins de quinze jours[39]. Il n'est pas vrai, comme le prétend Grimarest, auteur d'une *Vie de Molière,* que le roi lui eût alors fourni lui-même le caractère du chasseur. Molière n'avait point encore auprès du roi un accès assez libre : de plus, ce n'était pas ce prince qui donnait la fête, c'était Fouquet ; et il fallait ménager au roi le plaisir de la surprise.
Cette pièce fit au roi un plaisir extrême, quoique les ballets des intermèdes fussent mal inventés et mal exécutés. Paul Pellisson, homme célèbre dans les lettres, composa le

prologue en vers à la louange du roi. Ce prologue fut très applaudi de toute la cour, et plut beaucoup à Louis XIV. Mais celui qui donna la fête, et l'auteur du prologue, furent tous deux mis en prison peu de temps après ; on les voulait même arrêter au milieu de la fête : triste exemple de l'instabilité des fortunes de cour. *Les Fâcheux* ne sont pas le premier ouvrage en scènes absolument détachées qu'on ait vu sur notre théâtre. *Les Visionnaires* de Desmarets étaient dans ce goût[40], et avaient eu un succès si prodigieux que tous les beaux esprits du temps de Desmarets l'appelaient *l'inimitable comédie*. Le goût du public s'est tellement perfectionné depuis, que cette comédie ne paraît aujourd'hui inimitable que par son extrême impertinence. Sa vieille réputation fit que les comédiens osèrent la jouer en 1719 ; mais ils ne purent jamais l'achever. Il ne faut pas craindre que *les Fâcheux* tombent dans le même décri. On ignorait le théâtre du temps de Desmarets ; les auteurs étaient outrés en tout, parce qu'ils ne connaissaient point la nature ; ils peignaient au hasard des caractères chimériques ; le faux, le bas, le gigantesque, dominaient partout : Molière fut le premier qui fit sentir le vrai, et par conséquent le beau. Cette pièce le fit connaître plus particulièrement de la cour et du roi ; et lorsque, quelque temps après, Molière donna cette pièce à Saint-Germain[41], le roi lui ordonna d'y ajouter la scène du chasseur. On prétend que ce chasseur était le comte de Soyecourt. Molière, qui n'entendait rien au jargon de la chasse, pria le comte de Soyecourt lui-même de lui indiquer les termes dont il devait se servir.

L'ÉCOLE DES FEMMES

Comédie en vers et en cinq actes, représentée à Paris, sur le théâtre du Palais-Royal, le 26 décembre 1662.

Le théâtre de Molière, qui avait donné naissance à la bonne comédie, fut abandonné la moitié de l'année 1661, et toute l'année 1662, pour certaines farces moitié italiennes, moitié françaises, qui furent alors accréditées par le retour d'un fameux pantomime italien connu sous le nom de Scaramouche[42]. Les mêmes spectateurs qui applaudissaient sans réserve à ces farces monstrueuses se rendirent difficiles pour *l'École des femmes,* pièce d'un genre tout nouveau, laquelle, quoique toute en récits, est ménagée avec tant d'art que tout paraît être en action[43].

Elle fut très suivie et très critiquée, comme le dit la gazette de Loret :

-Sur Molière-
Pièce qu'en plusieurs lieux on fronde,
Mais où pourtant va tant de monde
Que jamais sujet important
Pour le voir n'en attira tant.

Elle passe pour être inférieure en tout à *l'École des maris*, et surtout dans le dénouement, qui est aussi postiche dans *l'École des* femmes qu'il est bien amené dans *l'École des maris*[44]. On se révolta généralement contre quelques expressions qui paraissent indignes de Molière ; on désapprouva *le corbillon, la tarte à la crème, les enfants faits par l'oreille*[45]. Mais aussi les connaisseurs admirèrent avec quelle adresse Molière avait su attacher et plaire pendant cinq actes, par la seule confidence d'Horace au vieillard, et par de simples récits. Il semblait qu'un sujet ainsi traité ne dût fournir qu'un acte ; mais c'est le caractère du vrai génie de répandre sa fécondité sur un sujet stérile, et de varier ce qui semble uniforme. On peut dire en passant que c'est là le grand art des tragédies de l'admirable Racine.

LA CRITIQUE DE L'ÉCOLE DES FEMMES

Petite pièce en un acte et en prose, représentée à Paris, sur le théâtre du Palais-Royal, le 1er juin 1663.

C'est le premier ouvrage de ce genre qu'on connaisse au théâtre. C'est proprement un dialogue, et non une comédie. Molière y fait plus la satire de ses censeurs qu'il ne défend les endroits faibles de *l'École des femmes*. On convient qu'il avait tort de vouloir justifier *la tarte à la crème,* et quelques autres bassesses de style qui lui étaient échappées ; mais ses ennemis avaient plus grand tort de saisir ces petits défauts pour condamner un bon ouvrage.
Boursault crut se reconnaître dans le portrait de Lysidas. Pour s'en venger, il fit jouer à l'hôtel de Bourgogne une petite pièce dans le goût de *la Critique de l'École des femmes,* intitulée *le Portrait du peintre, ou la Contre-Critique.*

L'IMPROMPTU DE VERSAILLES

Petite pièce en un acte et en prose, représentée à Versailles le 14 octobre 1663 et à Paris le 4 novembre de la même année.

Molière fit ce petit ouvrage en partie pour se justifier devant le roi de plusieurs calomnies, et en partie pour répondre à la pièce de Boursault. C'est une satire cruelle et outrée. Boursault y est nommé par son nom. La licence de l'ancienne comédie grecque n'allait pas plus loin. Il eût été de la bienséance et de l'honnêteté publique de supprimer la satire de Boursault et celle de Molière. Il est honteux que les hommes de génie et de talent s'exposent par cette petite guerre à être la risée des sots. Il n'est permis de s'adresser aux personnes que quand ce sont des hommes publiquement déshonorés, comme Rolet et Wasp[46]. Molière sentit d'ailleurs la faiblesse de cette petite comédie, et ne la fit point imprimer.

LA PRINCESSE D'ÉLIDE, OU LES PLAISIRS DE L'ÎLE ENCHANTÉE

Représentée le 7 mai 1664[47], à Versailles, à la grande fête que le roi donna aux reines.

Les fêtes que Louis XIV donna dans sa jeunesse méritent d'entrer dans l'histoire de ce monarque, non-seulement par les magnificences singulières, mais encore par le bonheur qu'il eut d'avoir des hommes célèbres en tous genres, qui contribuaient en même temps à ses plaisirs, à la politesse et à la gloire de la nation. Ce fut à cette fête, connue sous le nom de *l'Île enchantée*, que Molière fit jouer *la Princesse d'Élide*, comédie-ballet en cinq actes. Il n'y a que le premier acte et la première scène du second qui soient en vers : Molière, pressé par le temps, écrivit le reste en prose. Cette pièce réussit beaucoup dans une cour qui ne respirait que la joie, et qui, au milieu de tant de plaisirs, ne pouvait critiquer avec sévérité un ouvrage fait à la hâte pour embellir la fête.

On a depuis représenté *la Princesse d'Élide* à Paris ; mais elle ne put avoir le même succès, dépouillée de tous ses ornements et des circonstances heureuses qui l'avaient soutenue. On joua la même année[48] la comédie de *la Mère coquette,* du célèbre Quinault : c'était presque la seule bonne comédie qu'on eût vue en France, hors les pièces de Molière, et elle dut lui donner de l'émulation. Rarement les ouvrages faits pour des fêtes réussissent-ils au théâtre de Paris. Ceux à qui la fête est donnée sont toujours indulgents ; mais le public libre est toujours sévère. Le genre sérieux et galant n'était pas le génie de Molière ; et cette espèce de poème, n'ayant ni le plaisant de la comédie ni les grandes passions de la tragédie, tombe presque toujours dans l'insipidité.

LE MARIAGE FORCÉ

Petite pièce en prose et en un acte, représentée au Louvre le 24 janvier 1664, et au théâtre du Palais-Royal le 15 décembre de la même année[49].

C'est une de ces petites farces de Molière, qu'il prit l'habitude de faire jouer après les pièces en cinq actes. Il y a dans celle-ci quelques scènes tirées du théâtre italien. On y remarque plus de bouffonnerie que d'art et d'agrément. Elle fut accompagnée au Louvre d'un petit ballet où Louis XIV dansa.

DON JUAN, ou LE FESTIN DE PIERRE

Comédie en prose et en cinq actes, représentée sur le théâtre du Palais-Royal le 15 février 1665.

L'original de la comédie bizarre du *Festin de Pierre* est de Triso de Molina[50], auteur espagnol. Il est intitulé *el Combinado de piedra (le Convié de pierre)*[51]. Il fut joué ensuite en Italie, sous le titre de *Convitato di pietra*. La troupe des comédiens italiens le joua à Paris, et on l'appela *le Festin de pierre*. Il eut un grand succès sur ce théâtre irrégulier : on ne se révolta point contre le monstrueux assemblage de bouffonnerie et de religion, de plaisanterie et d'horreur, ni contre les prodiges extravagants qui font le sujet de cette pièce. Une statue qui marche et qui parle, et les flammes de l'enfer qui engloutissent un débauché sur le théâtre d'Arlequin, ne soulevèrent point les esprits, soit qu'en effet il y ait dans cette pièce quelque intérêt, soit que le jeu des comédiens l'embellit, soit plutôt que le peuple, à qui *le Festin de Pierre* plaît beaucoup plus qu'aux honnêtes gens, aime cette espèce de merveilleux.

Villiers, comédien de l'hôtel de Bourgogne, mit *le Festin de Pierre* en vers, et il eut quelque succès à ce théâtre. Molière voulut aussi traiter ce bizarre sujet. L'empressement d'enlever des spectateurs à l'hôtel de Bourgogne fit qu'il se contenta de donner en prose sa comédie : c'était une nouveauté inouïe alors qu'une pièce de cinq actes en prose[52]. On voit par là combien l'habitude a de puissance sur les hommes, et comme elle forme les différents goûts des nations. Il y a des pays où l'on n'a pas l'idée qu'une comédie puisse réussir en vers ; les Français, au contraire, ne croyaient pas qu'on pût supporter une longue comédie qui ne fût pas rimée. Ce préjugé fit donner la préférence à la pièce de Villiers sur celle de Molière[53] ; et ce préjugé a duré si longtemps que Thomas Corneille, en 1673[54], immédiatement après la mort de Molière, mit son *Festin de Pierre* en vers : il eut alors un grand succès sur le théâtre de la rue Guénégaud ; et c'est de cette seule manière qu'on le représente aujourd'hui[55].

À la première représentation du *Festin de Pierre* de Molière, il y avait une scène entre don Juan et un pauvre[56]. Don Juan demandait à ce pauvre à quoi il passait sa vie dans la forêt. « À prier Dieu, répondait le pauvre, pour les honnêtes gens qui me donnent l'aumône. – Tu passes ta vie à prier Dieu ? disait don Juan ; si cela est, tu dois donc être fort à ton aise. – Hélas ! monsieur, je n'ai pas souvent de quoi manger. – Cela ne se peut pas, répliquait don Juan ; Dieu ne saurait laisser mourir de faim ceux qui le prient du soir au matin. Tiens, voilà un louis d'or ; mais je te le donne pour l'amour de l'humanité[57]. »

Cette scène, convenable au caractère impie de don Juan, mais dont les esprits faibles pouvaient faire un mauvais usage, fut supprimée à la seconde représentation, et ce retranchement fut peut-être cause du peu de succès de la pièce.

Celui qui écrit ceci a vu la scène écrite de la main de Molière, entre les mains du fils de Pierre Marcassus, ami de l'auteur.

Cette scène a été imprimée depuis[58].

L'AMOUR MÉDECIN

Petite comédie en un acte et en prose, représentée à Versailles le 15 septembre 1665 et sur le théâtre du Palais-Royal le 22 du même mois.

L'Amour médecin est un impromptu fait pour le roi en cinq jours de temps : cependant cette petite pièce est d'un meilleur comique que le *Mariage forcé* ; elle fut accompagnée d'un prologue en musique, qui est l'une des premières compositions de Lulli.

C'est le premier ouvrage dans lequel Molière ait joué les médecins. Ils étaient fort différents de ceux d'aujourd'hui ; ils allaient presque toujours en robe et en rabat, et consultaient en latin.

Si les médecins de notre temps ne connaissent pas mieux la nature, ils connaissent mieux le monde, et savent que le grand art d'un médecin est l'art de plaire. Molière peut avoir contribué à leur ôter leur pédanterie ; mais les mœurs du siècle, qui ont changé en tout, y ont contribué davantage. L'esprit de raison s'est introduit dans toutes les sciences, et la politesse dans toutes les conditions.

-Sur Molière-

LE MISANTHROPE

Comédie en vers et en cinq actes, représentée sur le théâtre du Palais-Royal le 4 juin 1666.

L'Europe regarde cet ouvrage comme le chef-d'œuvre du haut comique. Le sujet du Misanthrope a réussi chez toutes les nations longtemps avant Molière, et après lui. En effet, il y a peu de choses plus attachantes qu'un homme qui hait le genre humain, dont il a éprouvé les noirceurs, et qui est entouré de flatteurs dont la complaisance servile fait un contraste avec son inflexibilité. Cette façon de traiter le Misanthrope est la plus commune, la plus naturelle, et la plus susceptible du genre comique. Celle dont Molière l'a traité est bien plus délicate, et, fournissant bien moins, exigeait beaucoup d'art. Il s'est fait à lui-même un sujet stérile, privé d'action, dénué d'intérêt. Son Misanthrope hait les hommes encore plus par humeur que par raison. Il n'y a d'intrigue dans la pièce que ce qu'il en faut pour faire sortir les caractères, mais peut-être pas assez pour attacher ; en récompense, tous ces caractères ont une force, une vérité et une finesse que jamais auteur comique n'a connues comme lui.

Molière est le premier qui ait su tourner en scènes ces conversations du monde, et y mêler des portraits. *Le Misanthrope* en est plein ; c'est une peinture continuelle, mais une peinture de ces ridicules que les yeux vulgaires n'aperçoivent pas. Il est inutile d'examiner ici en détail les beautés de ce chef-d'œuvre de l'esprit ; de montrer avec quel art Molière a peint un homme qui pousse la vertu jusqu'au ridicule, rempli de faiblesse pour une coquette, et de remarquer la conversation et le contraste charmant d'une prude avec cette coquette outrée. Quiconque lit doit sentir ces beautés, lesquelles même, toutes grandes qu'elles sont, ne seraient rien sans le style. La pièce est, d'un bout à l'autre, à peu près dans le style des satires de Despréaux ; et c'est, de toutes les pièces de Molière, la plus fortement écrite.

Elle eut, à la première représentation, les applaudissements qu'elle méritait. Mais c'était un ouvrage plus fait pour les gens d'esprit que pour la multitude, et plus propre encore à être lu qu'à être joué. Le théâtre fut désert dès le troisième jour[59]. Depuis, lorsque le fameux acteur Baron, étant remonté sur le théâtre après trente ans d'absence, joua le Misanthrope, la pièce n'attira pas un grand concours : ce qui confirma l'opinion où l'on était que cette pièce serait plus admirée que suivie. Ce peu d'empressement qu'on a, d'un côté, pour *le Misanthrope*, et, de l'autre, la juste admiration qu'on a pour lui, prouvent, peut-être plus qu'on ne pense, que le public n'est point injuste. Il court en foule à des comédies gaies et amusantes, mais qu'il n'estime guère ; et ce qu'il admire n'est pas toujours réjouissant. Il en est des comédies comme des jeux : il y en a que tout le monde joue ; il y en a qui ne sont faits que pour les esprits plus fins et plus appliqués.

Si on osait encore chercher dans le cœur humain la raison de cette tiédeur du public aux représentations du *Misanthrope*, peut-être les trouverait-on dans l'intrigue de la pièce, dont les beautés ingénieuses et fines ne sont pas également vives et intéressantes ; dans ces conversations même, qui sont des morceaux inimitables, mais qui, n'étant pas toujours nécessaires à la pièce, peut-être refroidissent un peu l'action, pendant qu'elles font admirer l'auteur ; enfin dans le dénouement, qui, tout bien amené et tout sage qu'il est, semble être attendu du public sans inquiétude, et qui, venant après une intrigue peu attachante, ne peut avoir rien de piquant. En effet, le spectateur ne souhaite point que le Misanthrope épouse la coquette Célimène, et ne s'inquiète pas beaucoup s'il se détachera d'elle. Enfin, on prendrait la liberté de dire que *le Misanthrope* est une satire plus sage et plus fine que celles d'Horace et de Boileau, et pour le moins aussi bien écrite ; mais qu'il y a des comédies plus intéressantes, et que *le Tartuffe*, par exemple, réunit les beautés du style du Misanthrope avec un intérêt plus marqué.

On sait que les ennemis de Molière voulurent persuader au duc de Montausier, fameux par sa vertu sauvage, que c'était lui que Molière jouait dans *le Misanthrope*. Le duc de Montausier alla voir la pièce, et dit, en sortant, qu'il aurait bien voulu ressembler au Misanthrope de Molière.

LE MÉDECIN MALGRÉ LUI

Comédie en trois actes et en prose, représentée sur le théâtre du Palais-Royal le 9 août[60] 1666.

Molière ayant suspendu son chef-d'œuvre du *Misanthrope,* le rendit quelque temps après au public, accompagné du *Médecin malgré lui*[61], farce très gaie et très bouffonne, et dont le peuple grossier avait besoin : à peu près comme à l'Opéra, après une musique noble et savante, on entend avec plaisir ces petits airs qui ont par eux-mêmes peu de mérite, mais que tout le monde retient aisément. Ces gentillesses frivoles servent à faire goûter les beautés sérieuses.

Voltaire

Le Médecin malgré lui soutint *le Misanthrope* : c'est peut-être à la honte de la nature humaine ; mais c'est ainsi qu'elle est faite : on va plus à la comédie pour rire que pour être instruit. *Le Misanthrope* était l'ouvrage d'un sage qui écrivait pour les hommes éclairés, et il fallut que le sage se déguisât en farceur pour plaire à la multitude.

MÉLICERTE

Pastorale héroïque, représentée à Saint-Germain-en-Laye, pour le roi, au Ballet des Muses, en décembre[62] 1666.

Molière n'a jamais fait que deux actes de cette comédie ; le roi se contenta de ces deux actes dans la fête du *Ballet des Muses*[63]. Le public n'a point regretté que l'auteur ait négligé de finir cet ouvrage : il est dans un genre qui n'était point celui de Molière. Quelque peine qu'il y eût prise, les plus grands efforts d'un homme d'esprit ne remplacent jamais le génie[64].

LE SICILIEN, OU L'AMOUR PEINTRE

Comédie en prose et en un acte, représentée à Saint-Germain-en-Laye en 1667, et sur le théâtre du Palais-Royal le 10 juin de la même année.

C'est la seule petite pièce en un acte où il y ait de la grâce et de la galanterie. Les autres petites pièces que Molière ne donnait que comme des farces ont d'ordinaire un fond plus bouffon et moins agréable.

AMPHITRYON

Comédie en vers et en trois actes, représentée sur le théâtre du Palais-Royal, le 13 janvier 1668.

Euripide et Archippus avaient traité ce sujet de tragi-comédie chez les Grecs ; c'est une des pièces de Plaute qui a eu le plus de succès : on la jouait encore à Rome cinq cents ans après lui, et, ce qui peut paraître singulier, c'est qu'on la jouait toujours dans des fêtes consacrées à Jupiter. Il n'y a que ceux qui ne savent point combien les hommes agissent peu conséquemment qui puissent être surpris qu'on se moquât publiquement au théâtre des mêmes dieux qu'on adorait dans les temples.

Molière a tout pris de Plaute, hors les scènes de Sosie et de Cléanthis. Ceux qui ont dit qu'il a imité son prologue de Lucien ne savent pas la différence qui est entre une imitation et la ressemblance très éloignée de l'excellent dialogue de la Nuit et de Mercure, dans Molière, avec le petit dialogue de Mercure et d'Apollon, dans Lucien : il n'y a pas une plaisanterie, pas un seul mot que Molière doive à cet auteur grec. Tous les lecteurs exempts de préjugés savent combien

Voltaire

l'*Amphitryon* français est au-dessus de l'*Amphitryon* latin. On ne peut pas dire des plaisanteries de Molière ce qu'Horace dit de celles de Plaute :

*Vestri proavi plautinos et numeros et
Laudavere sales, nimium patienter utrumque*[65].

Dans Plaute, Mercure dit à Sosie : « Tu viens avec des fourberies cousues. » Sosie répond : « Je viens avec des habits cousus. — Tu as menti, réplique le dieu ; tu viens avec tes pieds, et non avec tes habits. » Ce n'est pas là le comique de notre théâtre. Autant Molière paraît surpasser Plaute dans cette espèce de plaisanterie que les Romains nommaient *urbanité*, autant paraît-il aussi l'emporter dans l'économie de sa pièce. Quand il fallait chez les anciens apprendre aux spectateurs quelque événement, un acteur venait, sans façon, le conter dans un monologue : ainsi Amphitryon et Mercure viennent seuls sur la scène dire tout ce qu'ils ont fait pendant les entr'actes. Il n'y avait pas plus d'art dans les tragédies. Cela seul fait peut-être voir que le théâtre des anciens (d'ailleurs à jamais respectable) est, par rapport au nôtre, ce que l'enfance est à l'âge mûr.

Mme Dacier, qui a fait honneur à son sexe par son érudition, et qui lui en eût fait davantage si avec la science des commentateurs elle n'en eût pas eu l'esprit, fit une dissertation pour prouver que l'*Amphitryon* de Plaute était fort au-dessus du moderne ; mais ayant ouï dire que Molière voulait faire une comédie des *Femmes savantes,* elle supprima sa dissertation.

L'*Amphitryon* de Molière réussit pleinement et sans contradiction : aussi est-ce une pièce faite pour plaire aux plus simples et aux plus grossiers comme aux plus délicats. C'est la première comédie que Molière ait écrite en vers libres. On prétendit alors que ce genre de versification était plus propre à la comédie que les rimes plates, en ce qu'il y a plus de liberté et plus de variété. Cependant les rimes plates en vers alexandrins ont prévalu. Les vers libres sont d'autant plus malaisés à faire qu'ils semblent plus faciles. Il y a un rythme très peu connu qu'il y faut observer, sans quoi cette poésie rebute. Corneille ne connut pas ce rythme dans son *Agésilas*[66].

L'AVARE

Comédie en prose et en cinq actes, représentée à Paris sur le théâtre du Palais-Royal le 9 septembre 1668.

Cette excellente comédie avait été donnée au public en 1667[67] ; mais le même préjugé qui fit tomber *le Festin de Pierre*, parce qu'il était en prose, avait fait tomber *l'Avare*. Molière, pour ne point heurter de front le sentiment des critiques, et sachant qu'il faut ménager les hommes quand ils ont tort, donna au public le temps de revenir, et ne rejoua *l'Avare* qu'un an après : le public, qui, à la longue, se rend toujours au bon, donna à cet ouvrage les applaudissements qu'il mérite. On comprit alors qu'il peut y avoir de fort bonnes comédies en prose, et qu'il y a peut-être plus de difficulté à réussir dans ce style ordinaire, où l'esprit seul soutient l'auteur, que dans la versification, qui, par la rime, la cadence et la mesure, prête des ornements à des idées simples que la prose n'embellirait pas.

Il y a dans *l'Avare* quelques idées prises de Plaute, et embellies par Molière. Plaute avait imaginé le premier de faire en même temps voler la cassette de l'Avare, et séduire sa fille ; c'est de lui qu'est toute l'invention de la scène du jeune homme qui vient avouer le rapt, et que l'Avare prend pour le voleur. Mais on ose dire que Plaute n'a point assez profité de cette situation ; il ne l'a inventée que pour la manquer ; que l'on en juge par ce trait seul : l'amant de la fille ne paraît que dans cette scène ; il vient sans être annoncé ni préparé, et la fille elle-même n'y paraît point du tout.

Tout le reste de la pièce est de Molière, caractères, intrigues, plaisanteries ; il n'a imité que quelques lignes, comme cet endroit où l'Avare, parlant (peut-être mal à propos) aux spectateurs, dit[68] : « Mon voleur n'est-il point parmi vous ? Ils me regardent tous, et se mettent à rire. » — *Quid est quod ridetis ? Novi omnes, scio fures hic esse complures*[69] ; et cet autre endroit encore où, ayant examiné les mains du valet qu'il soupçonne, il demande à voir la troisième : *Ostende tertiam.*

Mais si l'on veut connaître la différence du style de Plaute et du style de Molière, qu'on voie les portraits que chacun fait de son *Avare*. Plaute dit :

>............................ *Clamat*
> *Suam rem periisse, seque eradicarier,*
> *De suo tigillo fumus si qua exit foras.*
> *Quin cum it dormitum, follem sibi obstringit ob gulam,*
> *— Cur ? — Ne quid animæ forte amittat dormiens.*
> *— Etiamne obturat inferiorem gutturem ?*

Voltaire

(*Aululuria*, act. II, sc. IV.)

« Il crie qu'il est perdu, qu'il est abîmé, si la fumée de son feu va hors de sa maison. Il se met une vessie à la bouche pendant la nuit, de peur de perdre son souffle. — Se bouche-t-il aussi la bouche d'en bas ? »

Cependant ces comparaisons de Plaute avec Molière, toutes à l'avantage du dernier, n'empêchent pas qu'on ne doive estimer ce comique latin, qui, n'ayant pas la pureté de Térence, et fort inférieur à Molière, a été[70], pour la variété de ses caractères et de ses intrigues, ce que Rome a eu de meilleur. On trouve aussi, à la vérité, dans *l'Avare* de Molière quelques expressions grossières comme : « Je sais l'art de traire les hommes[71] ; » et quelques mauvaises plaisanteries comme : « Je marierais, si je l'avais entrepris, le Grand Turc et la république de Venise[72]. »

Cette comédie a été traduite en plusieurs langues, et jouée sur plus d'un théâtre d'Italie et d'Angleterre, de même que les autres pièces de Molière ; mais les pièces traduites ne peuvent réussir que par l'habileté du traducteur. Un poète anglais nommé Shadwell, aussi vain que mauvais poète, la donna en anglais du vivant de Molière. Cet homme dit, dans sa préface : « Je crois pouvoir dire, sans vanité, que Molière n'a rien perdu entre mes mains. Jamais pièce française n'a été maniée par un de nos poètes, quelque méchant qu'il fût, qu'elle n'ait été rendue meilleure. Ce n'est ni faute d'invention, ni faute d'esprit, que nous empruntons des Français ; mais c'est par paresse : c'est aussi par paresse que je me suis servi de *l'Avare* de Molière. »

On peut juger qu'un homme qui n'a pas assez d'esprit pour mieux cacher sa vanité n'en a pas assez pour faire mieux que Molière. La pièce de Shadwell est généralement méprisée. M. Fielding, meilleur poète et plus modeste, a traduit *l'Avare*, et l'a fait jouer à Londres en 1733. Il y a ajouté réellement quelques beautés de dialogue particulières à sa nation, et sa pièce a eu près de trente représentations, succès très rare à Londres, où les pièces qui ont le plus de cours ne sont jouées tout au plus que quinze fois.

GEORGE DANDIN, OU LE MARI CONFONDU

Comédie en prose et en trois actes, représentée à Versailles le 15 de juillet[73] 1668, et à Paris le 9 de novembre suivant.

On ne connaît et on ne joue cette pièce que sous le nom de *George Dandin ;* et, au contraire, *le Cocu imaginaire,* qu'on avait intitulé et affiché *Sganarelle,* n'est plus connu que sous le nom de *Cocu imaginaire,* peut-être parce que ce dernier titre est plus plaisant que celui du *Mari confondu.* George Dandin réussit pleinement ; mais si on ne reprocha rien à la conduite et au style, on se souleva un peu contre le sujet même de la pièce : quelques personnes se révoltèrent contre une comédie dans laquelle une femme mariée donne un rendez-vous à son amant. Elles pouvaient considérer que la coquetterie de cette femme n'est que la punition de la sottise que fait George Dandin d'épouser la fille d'un gentilhomme ridicule.

L'IMPOSTEUR, OU LE TARTUFFE

Joué sans interruption en public, le 5 février 1669.

On sait toutes les traverses que cet admirable ouvrage essuya. On en voit le détail dans la préface de l'auteur, au-devant du *Tartuffe*. Les trois premiers actes avaient été représentés à Versailles, devant le roi, le 12 mai 1664. Ce n'était pas la première fois que Louis XIV, qui sentait le prix des ouvrages de Molière, avait voulu les voir avant qu'ils fussent achevés ; il fut fort content de ce commencement, et par conséquent la cour le fut aussi.

Il fut joué, le 29 novembre de la même année, au Raincy, devant le grand Condé. Dès lors les rivaux se réveillèrent ; les dévots commencèrent à faire du bruit ; les faux zélés (l'espèce d'hommes la plus dangereuse) crièrent contre Molière, et séduisirent même quelques gens de bien. Molière, voyant tant d'ennemis qui allaient attaquer sa personne encore plus que sa pièce, voulut laisser ces premières fureurs se calmer : il fut un an sans donner *le Tartuffe* ; il le lisait seulement dans quelques maisons choisies, où la superstition ne dominait pas.

Molière, ayant opposé la protection et le zèle de ses amis aux cabales naissantes de ses ennemis, obtint du roi une permission verbale de jouer *le Tartuffe*. La première représentation en fut donc faite, à Paris, le 5 août 1667. Le lendemain, on allait la rejouer ; l'assemblée était la plus nombreuse qu'on eût jamais vue ; il y avait des dames de la première distinction aux troisièmes loges ; les acteurs allaient commencer, lorsqu'il arriva un ordre du premier président du parlement, portant défense de jouer la pièce.

C'est à cette occasion qu'on prétend[74] que Molière dit à l'assemblée : « Messieurs, nous allions vous donner *le Tartuffe* ; mais monsieur le premier président ne veut pas qu'on le joue. »

Pendant qu'on supprimait cet ouvrage, qui était l'éloge de la vertu et la satire de la seule hypocrisie, on permit qu'on jouât sur le théâtre italien *Scaramouche ermite*, pièce très froide, si elle n'eût été licencieuse, dans laquelle un ermite vêtu en moine monte la nuit par une échelle à la fenêtre d'une femme mariée, et y reparaît de temps en temps en disant : *Questo è per mortificar la carne.* On sait sur cela le mot du grand Condé[75] : « Les comédiens italiens n'ont offensé que Dieu, mais les français ont offensé les dévots. » Au bout de quelque temps, Molière fut délivré de la persécution ; il obtint un ordre du roi par écrit de représenter le Tartuffe. Les comédiens ses camarades voulurent que Molière eût toute sa vie deux parts dans le gain de la troupe[76], toutes les fois qu'on jouerait cette pièce ; elle fut représentée trois mois de suite, et durera autant qu'il y aura en France du goût et des hypocrites.

Aujourd'hui, bien des gens regardent comme une leçon de morale cette même pièce qu'on trouvait autrefois si scandaleuse. On peut hardiment avancer que les discours de Cléante, dans lesquels la vertu vraie et éclairée est opposée à la dévotion imbécile d'Orgon, sont, à quelques expressions près, le plus fort et le plus élégant sermon que nous ayons en notre langue ; et c'est peut-être ce qui révolta davantage ceux qui parlaient moins bien dans la chaire que Molière au théâtre. Voyez surtout cet endroit[77] :

Allez, tous vos discours ne me font point de peur ;
Je sais comme je parle, et le ciel voit mon cœur.
Il est de faux dévots ainsi que de faux braves, etc.

Presque tous les caractères de cette pièce sont originaux ; il n'y en a aucun qui ne soit bon, et celui du Tartuffe est parfait. On admire la conduite de la pièce jusqu'au dénouement ; on sent combien il est forcé, et combien les louanges du roi, quoique mal amenées, étaient nécessaires pour soutenir Molière contre ses ennemis[78].

Dans les premières représentations, l'imposteur se nommait Panulphe, et ce n'était qu'à la dernière scène qu'on apprenait son véritable nom de Tartuffe, sous lequel ses impostures étaient supposées être connues du roi. À cela près, la pièce était comme elle est aujourd'hui. Le changement le plus marqué qu'on y ait fait est à ce vers :

Ô ciel ! pardonne-moi la douleur qu'il me donne[79].

Il y avait :

Ô ciel ! pardonne-moi, comme je lui pardonne.

Qui croirait que le succès de cette admirable pièce eût été balancé par celui d'une comédie qu'on appelle *la Femme juge et partie*, qui fut jouée à l'hôtel de Bourgogne aussi longtemps que *le Tartuffe* au Palais-Royal ? Montfleury[80], comédien de l'hôtel de Bourgogne, auteur de *la Femme juge et partie*, se croyait égal à Molière, et la préface qu'on a mise au-devant du recueil de ce Montfleury avertit que Monsieur de Monfleury était un grand homme. Le succès de *la Femme juge et partie*, et de tant d'autres pièces médiocres, dépend uniquement d'une situation que le jeu d'un acteur fait valoir. On sait qu'au théâtre il faut peu de chose pour faire réussir ce qu'on méprise à la lecture. On représenta sur le théâtre de l'hôtel de Bourgogne, à la suite de *la Femme juge et partie*, *la Critique du Tartuffe*[81]. Voici ce qu'on trouve dans le prologue de cette critique :

-Sur Molière-

Molière plaît assez : c'est un bouffon plaisant,
Qui divertit le monde en le contrefaisant ;
Ses grimaces souvent causent quelques surprises.
Toutes ses pièces sont d'agréables sottises :
Il est mauvais poète et bon comédien ;
Il fait rire, et, de vrai, c'est tout ce qu'il fait bien.

On imprima contre lui vingt libelles. Un curé de Paris s'avilit jusqu'à composer une de ces brochures, dans laquelle il débutait par dire qu'il fallait brûler Molière. Voilà comme ce grand homme fut traité de son vivant : l'approbation du public éclairé lui donnait une gloire qui le vengeait assez ; mais qu'il est humiliant pour une nation, et triste pour les hommes de génie, que le petit nombre leur rende justice, tandis que le grand nombre les néglige ou les persécute[82] !

MONSIEUR DE POURCEAUGNAC

Comédie-ballet en prose et en trois actes, faite et jouée à Chambord, pour le roi, au mois de septembre[83] 1669, et représentée sur le théâtre du Palais-Royal le 15 novembre de la même année.

Ce fut à la représentation de cette comédie que la troupe de Molière prit pour la première fois le titre de *la troupe du roi*[84]. *Pourceaugnac* est une farce ; mais il y a dans toutes les farces de Molière des scènes dignes de la haute comédie. Un homme supérieur, quand il badine, ne peut s'empêcher de badiner avec esprit. Lulli, qui n'avait point encore le privilège de l'Opéra, fit la musique du ballet de *Pourceaugnac ;* il y dansa, il y chanta, il y joua du violon[85]. Tous les grands talents étaient employés aux divertissements du roi, et tout ce qui avait rapport aux beaux-arts était honorable.

On n'écrivit point contre *Pourceaugnac :* on ne cherche à rabaisser les grands hommes que quand ils veulent s'élever. Loin d'examiner sévèrement cette farce, les gens de bon goût reprochèrent à l'auteur d'avilir trop souvent son génie à des ouvrages frivoles qui ne méritaient pas d'examen ; mais

-Sur Molière-

Molière leur répondait qu'il était comédien aussi bien qu'auteur, qu'il fallait réjouir la cour et attirer le peuple, et qu'il était réduit à consulter l'intérêt de ses acteurs aussi bien que sa propre gloire.

LES AMANTS MAGNIFIQUES

Comédie-ballet en prose et en cinq actes, représentée devant le roi, à Saint-Germain, au mois de janvier 1670[86].

Louis XIV lui-même donna le sujet de cette pièce à Molière. Il voulut qu'on représentât deux princes qui se disputeraient une maîtresse, en lui donnant des fêtes magnifiques et galantes. Molière servit le roi avec précipitation. Il mit dans cet ouvrage deux personnages qu'il n'avait point encore fait paraître sur son théâtre, un astrologue et un fou de cour. Le monde n'était point alors désabusé de l'astrologie judiciaire ; on y croyait d'autant plus qu'on connaissait moins la véritable astronomie. Il est rapporté dans Vittorio Siri qu'on n'avait pas manqué, à la naissance de Louis XIV, de faire tenir un astrologue dans un cabinet voisin de celui où la reine accouchait. C'est dans les cours que cette superstition règne davantage, parce que c'est là qu'on a plus d'inquiétude sur l'avenir.

Les fous y étaient aussi à la mode : chaque prince et chaque grand seigneur même avait son fou, et les hommes n'ont quitté ce reste de barbarie qu'à mesure qu'ils ont plus connu les plaisirs de la société et ceux que donnent les beaux-arts. Le fou qui est représenté dans Molière n'est point un fou ridicule, tel que le Moron de *la Princesse d'Élide,* mais un homme adroit, et qui, ayant la liberté de tout dire, s'en sert avec habileté et avec finesse. La musique est de Lulli. Cette pièce ne fut jouée qu'à la cour, et ne pouvait guère réussir que par le mérite du divertissement et par celui de l'à-propos. On ne doit pas omettre que, dans les divertissements des *Amants magnifiques*[87], il se trouve une traduction de l'ode d'Horace,

Donec gratus eram tibi[88].

LE BOURGEOIS GENTILHOMME

Comédie-ballet en prose et en cinq actes, faite et jouée à Chambord, au mois d'octobre 1670, et représentée à Paris le 23 novembre de la même année.

Le Bourgeois gentilhomme est un des plus heureux sujets de comédie que le ridicule des hommes ait jamais pu fournir. La vanité, attribut de l'espèce humaine, fait que les princes prennent le titre de rois, que les grands seigneurs veulent être princes, et, comme dit La Fontaine[89],

> *Tout petit prince a des ambassadeurs,*
> *Tout marquis veut avoir des pages.*

Cette faiblesse est précisément la même que celle d'un bourgeois qui veut être homme de qualité ; mais la folie du bourgeois est la seule qui soit comique, et qui puisse faire rire au théâtre : ce sont les extrêmes disproportions des manières et du langage d'un homme avec les airs et les discours qu'il veut affecter qui font un ridicule plaisant.

-Sur Molière-

Cette espèce de ridicule ne se trouve point dans des princes ou dans des hommes élevés à la cour, qui couvrent toutes leurs sottises du même air et du même langage ; mais ce ridicule se montre tout entier dans un bourgeois élevé grossièrement, et dont le naturel fait à tout moment un contraste avec l'art dont il veut se parer. C'est ce naturel grossier qui fait le plaisant de la comédie, et voilà pourquoi ce n'est jamais que dans la vie commune qu'on prend les personnages comiques. *Le Misanthrope* est admirable, *le Bourgeois gentilhomme* est plaisant.

Les quatre premiers actes de cette pièce peuvent passer pour une comédie ; le cinquième est une farce qui est réjouissante, mais trop peu vraisemblable. Molière aurait pu donner moins de prise à la critique, en supposant quelque autre homme que le fils du Grand Turc ; mais il cherchait, par ce divertissement, plutôt à réjouir qu'à faire un ouvrage régulier.

Lulli fit aussi la musique du ballet, et il y joua comme dans *Pourceaugnac*[90].

Voltaire

LES FOURBERIES DE SCAPIN

Comédie en prose et en trois actes, représentée sur le théâtre du Palais-Royal le 24 mai 1671.

Les Fourberies de Scapin sont une de ces farces que Molière avait préparées en province. Il n'avait pas fait scrupule d'y insérer deux scènes entières du *Pédant joué*, mauvaise pièce de Cyrano de Bergerac[91]. On prétend que quand on lui reprochait ce plagiat, il répondait : « Ces deux scènes sont assez bonnes ; cela m'appartenait de droit ; il est permis de reprendre son bien partout où on le trouve. »

Si Molière avait donné la farce des *Fourberies de Scapin* pour une vraie comédie, Despréaux aurait eu raison de dire dans son *Art poétique :*

C'est par là que Molière, illustrant ses écrits,
Peut-être de son art eût remporté le prix
Si, moins ami du peuple, en ses doctes peintures,
Il n'eût point fait souvent grimacer ses figures,
Quitté pour le bouffon l'agréable et le fin,
Et sans honte à Térence allié Tabarin.

-Sur Molière-
Dans ce sac ridicule où Scapin s'enveloppe[92],
Je ne reconnais plus l'auteur du Misanthrope.

On pourrait répondre à ce grand critique que Molière n'a point allié Térence avec Tabarin dans ses vraies comédies, où il surpasse Térence ; que s'il a déféré au goût du peuple, c'est dans ses farces, dont le seul titre annonce du bas comique, et que ce bas comique était nécessaire pour soutenir sa troupe.

Molière ne pensait pas que *les Fourberies de Scapin* et *le Mariage forcé* valussent *l'Avare, le Tartuffe, le Misanthrope, les Femmes savantes,* ou fussent même du même genre. De plus, comment Despréaux peut-il dire que « Molière peut-être de son art eût remporté le prix » ? Qui aura donc ce prix si Molière ne l'a pas ?

PSYCHÉ

Tragédie-ballet en vers libres et en cinq actes, représentée devant le roi, dans la salle des machines du palais des Tuileries, en janvier[93], et durant le carnaval de l'année 1670[94], et donnée au public sur le théâtre du Palais-Royal en 1671[95].

Le spectacle de l'Opéra, connu en France sous le ministère du cardinal de Mazarin, était tombé par sa mort. Il commençait à se relever. Perrin, introducteur des ambassadeurs chez Monsieur, frère de Louis XIV ; Cambert, intendant de la musique de la reine mère, et le marquis de Sourdiac, homme de goût, qui avait du génie pour les machines, avaient obtenu, en 1669, le privilège de l'Opéra ; mais ils ne donnèrent rien au public qu'en 1671. On ne croyait pas alors que les Français pussent jamais soutenir trois heures de musique, et qu'une tragédie toute chantée pût réussir. On pensait que le comble de la perfection est une tragédie déclamée, avec des chants et des danses dans les intermèdes. On ne songeait pas que si une tragédie est belle et intéressante, les entractes de musique doivent en devenir froids, et que si les intermèdes sont brillants, l'oreille a peine à revenir tout d'un coup du charme de la musique à la simple déclamation. Un ballet peut délasser dans les entr'actes d'une pièce ennuyeuse ; mais une bonne pièce n'en a pas besoin, et l'on joue *Athalie* sans les chœurs et sans la musique[96]. Ce ne fut que quelques années après que Lulli et Quinault nous apprirent qu'on pouvait chanter toute une tragédie, comme on faisait en Italie, et qu'on la pouvait même rendre intéressante, perfection que l'Italie ne connaissait pas.

Depuis la mort du cardinal Mazarin, on n'avait donc donné que des pièces à machines avec des divertissements en musique, telles qu'*Andromède* et *la Toison d'or*. On voulut donner au roi et à la cour, pour l'hiver de 1670[97], un divertissement dans ce goût, et y ajouter des danses. Molière fut chargé du sujet de la fable le plus ingénieux et le plus galant, et qui était alors en vogue par le roman aimable, quoique beaucoup trop allongé, que La Fontaine venait de donner en 1669.

Il ne put faire que le premier acte, la première scène du second, et la première du troisième ; le temps pressait : Pierre Corneille se chargea du reste de la pièce ; il voulut bien s'assujettir au plan d'un autre, et ce génie mâle, que l'âge rendait sec et sévère, s'amollit pour plaire à Louis XIV. L'auteur de *Cinna* fit à l'âge de soixante-sept ans cette déclaration de Psyché à l'Amour[98], qui passe encore pour un des morceaux les plus tendres et les plus naturels qui soient au théâtre.

Toutes les paroles qui se chantent sont de Quinault. Lulli composa les airs. Il ne manquait à cette société de grands hommes que le seul Racine, afin que tout ce qu'il y eut jamais de plus excellent au théâtre se fût réuni pour servir un roi qui méritait d'être servi par de tels hommes.

Psyché n'est pas une excellente pièce, et les derniers actes en sont très languissants ; mais la beauté du sujet, les ornements dont elle fut embellie, et la dépense royale qu'on fit pour ce spectacle, firent pardonner ses défauts.

LES FEMMES SAVANTES

Comédie en vers et en cinq actes, représentée sur le théâtre du Palais-Royal le 11 mars 1672.

Cette comédie, qui est mise par les connaisseurs dans le rang du *Tartuffe* et du *Misanthrope,* attaquait un ridicule qui ne semblait propre à réjouir ni le peuple ni la cour, à qui ce ridicule paraissait être également étranger. Elle fut reçue d'abord assez froidement ; mais les connaisseurs rendirent bientôt à Molière les suffrages de la ville, et un mot du roi lui donna ceux de la cour. L'intrigue, qui en effet a quelque chose de plus plaisant que celle du *Misanthrope,* soutint la pièce longtemps.

Plus on la vit, plus on admira comment Molière avait pu jeter tant de comique sur un sujet qui paraissait fournir plus de pédanterie que d'agrément. Tous ceux qui sont au fait de l'histoire littéraire de ce temps-là savent que Ménage y est joué sous le nom de Vadius, et que Trissotin est le fameux abbé Cotin, si connu par les satires de Despréaux. Ces deux hommes étaient, pour leur malheur, ennemis de Molière ; ils avaient voulu persuader au duc de Montausier que le Misanthrope était fait contre lui ; quelque temps après ils avaient eu chez Mademoiselle, fille de Gaston de France, la scène que Molière a si bien rendue dans *les Femmes savantes*. Le malheureux Cotin écrivait également contre Ménage, contre Molière, et contre Despréaux : les satires de Despréaux l'avaient déjà couvert de honte ; mais Molière l'accabla. Trissotin était appelé aux premières représentations Tricotin. L'acteur qui le représentait avait affecté, autant qu'il avait pu, de ressembler à l'original par la voix et par les gestes. Enfin, pour comble de ridicule, les vers de Trissotin, sacrifiés sur le théâtre à la risée publique, étaient de l'abbé Cotin même. S'ils avaient été bons, et si leur auteur avait valu quelque chose, la critique sanglante de Molière et celle de Despréaux ne lui eussent pas ôté sa réputation. Molière lui-même avait été joué aussi cruellement sur le théâtre de l'hôtel de Bourgogne, et n'en fut pas moins estimé : le vrai mérite résiste à la satire. Mais Cotin était bien loin de se pouvoir soutenir contre de telles attaques : on dit qu'il fut si accablé de ce dernier coup qu'il tomba dans une mélancolie qui le conduisit au tombeau[99]. Les satires de Despréaux coûtèrent aussi la vie à l'abbé Cassaigne[100], triste effet d'une liberté plus dangereuse qu'utile, et qui flatte plus la malignité humaine qu'elle n'inspire le bon goût.

La meilleure satire qu'on puisse faire des mauvais poètes, c'est de donner d'excellents ouvrages ; Molière et Despréaux n'avaient pas besoin d'y ajouter des injures.

-Sur Molière-

LA COMTESSE D'ESCARBAGNAS

Petite comédie en un acte et en prose, représentée devant le roi, à Saint-Germain, en février 1672[101], et à Paris, sur le théâtre du Palais-Royal, le 8 juillet de la même année[102].

C'est une farce, mais toute de caractères, qui est une peinture naïve, peut-être en quelques endroits trop simple, des ridicules de la province : ridicules dont on s'est beaucoup corrigé à mesure que le goût de la société et la politesse aisée qui règne en France se sont répandus de proche en proche.

LE MALADE IMAGINAIRE

En trois actes, avec des intermèdes, fut représenté sur le théâtre du Palais-Royal le 10 février 1673.

C'est une de ces farces de Molière dans laquelle on trouve beaucoup de scènes dignes de la haute comédie. La naïveté, peut-être poussée trop loin, en fait le principal caractère. Ses farces ont le défaut d'être quelquefois un peu trop basses, et ses comédies, de n'être pas toujours assez intéressantes ; mais, avec tous ces défauts-là, il sera toujours le premier de tous les poètes comiques. Depuis lui, le théâtre français s'est soutenu, et même a été asservi à des lois de décence plus rigoureuses que du temps de Molière. On n'oserait aujourd'hui hasarder la scène où le Tartuffe presse la femme de son hôte ; on n'oserait se servir des termes de *fils de putain,* de *carogne,* et même de *cocu :* la plus exacte bienséance règne dans les pièces modernes. Il est étrange que tant de régularité n'ait pu laver encore cette tache, qu'un préjugé très injuste attache à la profession de comédien. Ils étaient honorés dans Athènes, où ils représentaient de moins bons ouvrages. Il y a de la cruauté à vouloir avilir des hommes nécessaires à un État bien policé, qui exercent, sous les yeux des magistrats, un talent très difficile et très estimable ; mais c'est le sort de tous ceux qui n'ont que leur talent pour appui, de travailler pour un public ingrat.

On demande pourquoi Molière, ayant autant de réputation que Racine, le spectacle cependant est désert quand on joue ses comédies, et qu'il ne va presque plus personne à ce même Tartuffe qui attirait autrefois tout Paris, tandis qu'on court encore avec empressement aux tragédies de Racine, lorsqu'elles sont bien représentées ? C'est que la peinture de nos passions nous touche encore davantage que le portrait de nos ridicules ; c'est que l'esprit se lasse des plaisanteries, et que le cœur est inépuisable. L'oreille est aussi plus flattée de l'harmonie des beaux vers tragiques et de la magie étonnante du style de Racine qu'elle ne peut l'être du langage propre à la comédie ; ce langage peut plaire, mais il ne peut jamais émouvoir, et l'on ne vient au spectacle que pour être ému.

Il faut encore convenir que Molière, tout admirable qu'il est dans son genre, n'a ni des intrigues assez attachantes, ni des dénouements assez heureux : tant l'art dramatique est difficile !

NOTES

1. Cet *Avertissement* fut mis par Voltaire, en 1764, lorsqu'il fit réimprimer la *Vie de Molière*, à la suite des *Contes de Guillaume Vadé*. La première édition, Paris, 1739, in-12, est anonyme, et intitulée *Vie de Molière, avec des jugements sur ses ouvrages*. Fontenelle, censeur de cette édition, en retrancha quelques passages, qui furent rétablis dans l'édition publiée, la même année, à Amsterdam, in-8°. C'est sans doute pour cette édition que fut composé le dernier alinéa sur les *Précieuses ridicules*, où il y a un trait contre Fontenelle. Voltaire parle de son ouvrage dans sa lettre à d'Argenson, du 28 juillet 1739. Un anonyme a donné une *Lettre de M***, au sujet d'une brochure intitulée Vie de Molière*, in-12, de vingt-quatre pages, remplie de personnalités. (B.)
2. C'est M. Fallu qui pria Voltaire.
3. Voltaire nomme, dans sa *Correspondance*, M. de Chauvelin au lieu de M. Rouillé. Quant à La Serre, c'était un poète dramatique, amant de Mlle de Lussan, et qui mourut en 1756. (G. A.)
4. Cette bagatelle avait été d'abord imprimée par Prault, en 1739. Si, en 1764, on songea à en faire une édition nouvelle, ce fut à la suite du succès des *Commentaires sur Corneille*, et après que Voltaire eut revu et complété son texte, censuré jadis par Fontenelle. (G. A.)
5. Dans la *Dissertation sur J.-B. Poquelin Molière, etc., par L.-F. Beffara*, 1821, in-8°, il est établi : 1° que Molière a été baptisé le 15 janvier 1622 ; 2° que son père demeurait rue Saint-Honoré, et n'eut probablement qu'en 1626 le titre de valet de chambre tapissier du

-*Sur Molière*-

roi ; 3° que la mère de Molière s'appelait Marie Cressé (et non Anne Boutet). (B.)

6. Témoin Voltaire lui-même.
7. Il y a bien des erreurs dans cet aperçu historique. On ne peut que rectifier les plus importantes, et renvoyer pour le reste aux récents ouvrages sur le théâtre.
8. Elle n'éclipsa aucune autre société ; et si on l'appela l'*Illustre Théâtre*, c'est qu'elle s'était donné elle-même ce nom.
9. François de Molière, mort vers 1623, est auteur d'un roman intitulé *Polixène*. On ne connaît pas de tragédie sous ce titre par un Molière. Voltaire me paraît ici avoir été induit en erreur par Maupoint. (B.)
10. Sur ce passage, Beffara, dans sa *Dissertation*, remarque : 1° que Voltaire aurait dû dire : « De deux frères nommés Béjart, de Gros-René, etc. ; » 2° qu'il ne parle pas de Debrie, qui, ainsi que sa femme, faisait pourtant partie de la troupe.
11. Decroix proposait de lire : « De Duparc, *fils* d'un pâtissier, etc. »
12. Non pas *les Précieuses*, qui furent probablement faites à Paris en 1659.
13. Marie-Angélique-Gassaud Ducroisy, femme de Paul Poisson, née en 1658, morte en 1756, à quatre-vingt-dix-huit ans.
14. Ces dernières assertions sont très contestables. Les *Frères ennemis* avaient été composés pour l'hôtel de Bourgogne. Ce n'est que par l'impatience des retards qu'il était exposé à y subir que Racine porta sa pièce à Molière. — Voyez *Œuvres complètes de J. Racine*, édition Saint-Marc Girardin et Louis Moland, tome VII, page 409.
15. Ce fut le 20 février 1662 que Molière épousa Armande-Gresinde-Claire-Élisabeth Béjart, sœur cadette et non fille de celle qu'on disait mariée à un Modène ; voyez la *Dissertation* de M. L.-F. Beffara. (B.)

Voltaire

— On sait la longue discussion à laquelle l'état civil d'Armande Béjart a donné lieu, et qui n'est pas encore terminée.

16. Elle s'appelait Esprit-Magdeleine ; née ou du moins baptisée le 4 août 1665, elle eut pour parrain et marraine Modène et la Béjart, ses oncle et tante. Elle épousa Rachel de Montalant, avec qui elle passa sa vie à Auteuil. Elle n'a point eu d'enfant. (B.)
17. Peut-être en 1655.
18. Au mois de novembre.
19. Cela est de 1764.
20. *Le Dépit amoureux* avait été représenté à Béziers, en 1656 ; il le fut à Paris au mois de décembre 1658.
21. Livre III, ode IX, vers 1.
22. Nous avons déjà dit qu'il est fort douteux que *les Précieuses* aient été jouées d'abord en province.
23. Le 18.
24. De quinze sous. Ce prix ne fut doublé qu'à la deuxième représentation.
25. On a cherché vainement où le cardinal de Retz a dit cela.
26. Antoine Bodeau, sieur de Somaize.
27. Au lieu de ces derniers mots, l'édition de 1739 porte : « dans plusieurs auteurs célèbres. » Tout ce qui suit, jusqu'à « Ce style a reparu », manque dans cette même édition.
28. Tourreil. (*Note de Voltaire.*)
29. Fontenelle. (*Id.*)
30. Lamotte. (*Id.*)
31. Il est à croire que cet alinéa, qui contient un trait contre Fontenelle, ne se trouvait pas sur le manuscrit qui lui fut soumis en sa qualité de censeur, et qu'il ne fut fait, comme il a été dit page 87, que pour l'édition de Hollande.

32. Scène XVII.
33. La comédie de Doneau ne fut probablement jouée nulle part.
34. Molière avait beaucoup joué la tragédie.
35. De l'italien.
36. Molière la fit reparaître deux fois en 1663 (4 et 6 novembre).
37. Elle ne paraît pas du tout sur le théâtre : on entend seulement sa voix du dehors. (B.)
38. Vaux-le-Vicomte avait été acquis par le maréchal de Villars, et s'appelait alors Vaux-le-Villars.
39. En quinze jours, dit Molière dans son Avertissement.
40. *Les Visionnaires* de Desmarets, joués en 1637, ne sont pas une comédie à scènes détachées.
41. À Fontainebleau.
42. Assertion que l'examen du registre de Lagrange ne confirme pas.
43. Un successeur de Fréron a pris cette idée à Voltaire, en disant (*Année littéraire*, 1785, I, 96-97) que les récits de *l'École des femmes*, sont de véritables actions. (B.)
44. On est loin de penser ainsi maintenant.
45. Acte Ier, scène Ire.
46. La phrase qu'on vient de lire fut ajoutée en 1764, c'est-à-dire quatre ans après la première représentation de *L'Écossaise*.
47. Le 8 mai.
48. L'année suivante 1665, vers le milieu d'octobre.
49. Le 29 janvier au Louvre, et le 15 février au théâtre du Palais-Royal. Elle doit donc être classée avant la *Princesse d'Élide*.
50. Tirso de Molina (Gabriel Tellez).
51. Voici le titre de l'original espagnol : *El Burlador de Sevilla y convivado de piedra.*

52. Il y en avait eu des exemples, mais qui devenaient de plus en plus rares.
53. *Don Juan* de Molière fut joué quinze fois, et s'il cessa de paraître, il est probable que ce ne fut pas le goût du public qui en fut seul la cause. Voyez *Œuvres complètes de Molière,* édition Louis Moland, tome III, page 359.
54. En 1677. La représentation est du 12 février. L'impression est de 1683.
55. La version rimée de Thomas Corneille eut les honneurs du répertoire jusqu'au 15 janvier 1847.
56. Acte III, scène II.
57. Voltaire n'avait pas vu la scène tout entière, telle que la donnaient les éditions hollandaises, où don Juan veut faire blasphémer le pauvre, qui refuse, mais telle seulement qu'elle était dans les exemplaires non cartonnés de l'édition des Œuvres de Molière de 1682, préparée par Lagrange et Vinot.
58. Dès 1683, la pièce avait paru en Hollande avec les passages qui avaient été supprimés en France, Ce n'est qu'en 1813 que le texte primitif a été rétabli par M. Simonnin. (L. M.)

— Je ne sais ce que c'est que cette impression de la scène dont parle Voltaire. (B.)

— Pierre Marcassus était avocat et poète dramatique ; il avait vécu dans l'intimité du père de Voltaire. (G. A.)

59. *Le Misanthrope* eut seul, et sans petite pièce, vingt et une représentations consécutives : dix-sept procurèrent des recettes élevées ; quatre, des recettes moins satisfaisantes. Ce n'était donc pas une chute, c'était un succès pour l'époque.
60. Le 6 août.

61. *Le Misanthrope* reparut avec *le Médecin malgré lui* à la 12ᵉ représentation de cette dernière pièce.
62. Le 2 décembre.
63. Le *Ballet des Muses* est de Benserade.
64. Dans les premières éditions le *quelque peine qu'il y eût prise* termine la phrase précédente. — Voltaire ne conteste à Molière que le génie, l'aptitude spéciale, qui lui aurait pu faire mener à bien *Mélicerte*.
65. *Art poétique*, 270-71.
66. Il le connut du moins dans *Psyché*.
67. Il n'y a aucune trace de cela dans le registre de Lagrange.
68. Acte IV, scène VII.
69. Acte Iᵉʳ, scène III.
70. Ce texte est celui de l'édition de Kehl. Dans toutes les éditions précédentes, de 1739 à 1775, on lit : « ... De Térence, *avait d'ailleurs tant d'autres talents, et qui, quoique inférieur à* Molière, etc. » (B.)
71. Acte II, scène V.
72. Acte II, scène VI.
73. Le 18 juillet.
74. Remarquez que Voltaire n'assure rien sur ce fait, qu'Auger, dans son édition de Molière, tome IV, page 194, estime n'être « ni vrai, ni vraisemblable ». (B.)

— Cet alinéa n'était point dans l'édition de 1739 ; il a été inséré dans la deuxième, en 1764.

75. En 1739, Voltaire rappelait ainsi le mot sans le citer ; ce qui suit entre guillemets a été ajouté en 1764.
76. Défalcation faite d'une somme variable employée aux frais, Molière, avant *le Tartuffe* et depuis, touchait régulièrement sur les recettes de

ses pièces, outre deux parts d'acteur pour lui et sa femme, deux autres parts en qualité d'auteur.

77. Acte Ier, scène VI.
78. Ce dénouement était le seul historiquement vraisemblable. C'est ainsi qu'on le juge aujourd'hui.
79. Acte III, scène VII. Dans toutes les éditions du *Tartuffe*, on lit *pardonne-lui*. Voltaire, en 1739 et en 1764, a imprimé *pardonne-moi*, comme dans la variante.
80. Antoine Jacob, dit Montfleury, auteur de *la Femme juge et partie*, n'était pas comédien. C'était son père qui l'avait été sous ce nom de Montfleury.
81. Auger, qui dit qu'en général, dans tous ces petits détails d'histoire littéraire, Voltaire est d'une grande inexactitude, lui reproche de qualifier de *Prologue de la Critique du Tartuffe* une simple épître en vers adressée à l'auteur de cette *Critique*. Au reste il est fort douteux, dit encore Auger, que cette prétendue comédie (*la Critique du Tartuffe*), qui n'est qu'une parodie, non moins indécente qu'insipide, de quelques scènes de la pièce de Molière, ait paru sur le théâtre. (B.)
82. Cette dernière phrase, à partir de « mais qu'il est humiliant », ne se trouve que dans l'édition de 1764.
83. Le 6 octobre.
84. C'est bien avant cela que la troupe de Molière changea le titre de *troupe de Monsieur* pour celui de *troupe du roi, au Palais-Royal*. Lagrange consigne le fait sur son registre à la date du 14 août 1665.
85. Il faisait l'un des médecins grotesques sous le nom d'*il signor Chiacchierone* : voyez *Œuvres complètes de Molière*, édition Louis Moland, tome V, page 474.
86. Le 4 février 1670.
87. Troisième intermède.

88. Livre III, ode IX.
89. Livre Ier fable III.
90. Il remplit dans le divertissement le rôle du Muphti.
91. Molière n'a pris que le fond de ces deux scènes, et non le dialogue mot à mot, comme on pourrait le croire, en prenant à la lettre les expressions de Voltaire. Les deux scènes imitées par Molière sont la onzième du deuxième acte, et la troisième du troisième acte. (B.)
92. Voyez tome XVIII, page 25, note 2.
93. 17 janvier 1671.
94. 1671.
95. Le 24 juillet de la même année.
96. On ne fait plus ainsi maintenant, et avec raison.
97. 1670-1671.
98. Et de l'Amour à Psyché, acte III, scène III.
99. L'abbé Cotin mourut à 78 ans, en décembre 1081.
100. Ce fait est également contesté.
101. Le 2 décembre 1671.
102. Le 8 juillet 1672.

EEEOYS EDITIONS

EEEOYS EDITIONS est une aventure éditoriale consacrée à l'aventure scripturale.

On n'y rencontrera que des œuvres aventureuses qui dégagent l'entreprise littéraire de la dimension égotique, réflexive, introspective, pour déployer, leur auteur "retranché", comme l'écrivait Mallarmé à l'occasion d'une conférence sur Villiers de l'Isle-Adam de 1890, des mondes.

Eeeoys Editions propose quatre collections ou quatre filières éditoriales.

La collection **THRES** est dédiée à la traduction ou à l'adaptation audacieuse assumée d'œuvres ressortissant au patrimoine des langues latines.

La collection **DARVEL** propose au lecteur des œuvres inédites caractérisées par le décentrement aventureux, représentatif ou stylistique.

La collection **LIBERLIBER** est dédiée à la publication d'œuvres d' auteurs chinois francophones.

La collection **E.TUGNY** est consacrée à l'une des recherches littéraires les plus singulières de notre temps : celle d'Emmanuel Tugny, romancier, poète et philosophe.

La collection **RES CIVICA** propose des œuvres témoignant de l'engagement politique de littérateurs, romanciers, poètes ou dramaturges.

LAMAUVE se consacre aux premières affirmations en littérature de la pensée féministe.

LUL (LIRE UN LIVRE) est une collection dédiée à la réflexion scientifique sur la lecture des oeuvres littéraires

Nathalie Brillant, est directrice littéraire d'EEEOYS EDITIONS.

Florian Virly, artiste, est directeur des publications d'EEEOYS EDITIONS.

Théo Demore est assistant de publication d'EEEOYS EDITIONS.

Mentions Légales

© 2022 Domaine public

Éditeur : Florian Virly pour Eeeoys Editions
2rue Feydeau, 35400 Saint-Malo
Impression : BoD - Books on Demand, Norderstedt, Allemagne

ISBN : 978-2-9580156-2-6
Dépot légal : Janvier 2022